Personas corresponden
a QUIEN.
Cosas corresponden
a QUE.

Circula las palabras que corresponden a QUIEN.
Subraya con una linea ondulada las palabras que corresponden
a QUE.

(1. Paco)

2. ese hombre

3. carreta roja chiquita

4. un elefante del circo

5. un bruja malvada

6. un baño sucio

7. Supermán

8. un millón de bichos

9. las puertas del castillo

10. zapatos viejos de tenis

11. tú y yo

12. un extranjero

13. helado de chocolate

14. ligas rotas de zapato

15. su dentista

16. un dragón enojado

17. el payaso triste

18. mi mejor amigo

¿Quién? ¿Qué? ¿Dónde? ¿Cúando?

Bailar...
Patinar...
Correr Olas...

Haz un cuadrado alrededor de las palabras que indican ACCION.

1. montó

2. mordisqueando

3. mesa

4. música

5. caminó como pato

6. ayer

7. atisbó

8. chirriaba

9. capturó

10. gritó

11. se resbaló y cayó

12. adentro

13. ríe

14. zanahorias y chícharos

15. rebotó

16. desliza

17. oso hormiguero

18. una pintura

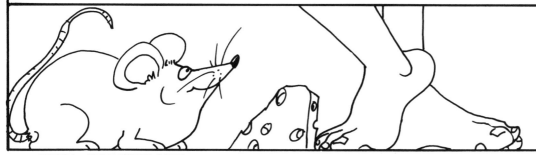

Pon dos líneas debajo de las palabras que corresponden a DONDE.

1. en la olla

2. haz un pastel

3. encima del fregadero

4. en la casa del tío de José

5. en agosto

6. en la boca del hipopótamo

7. corre rápidamente

8. en el escritorio

9. entre Juan y Paco

10. cerca del parque

11. al lado de la pocilga

12. en el segundo piso

13. a mi maestra

14. en un avión

15. entre tus oídos

16. en el día de mi cumpleaños

17. atrás del granero

18. en San Francisco

 ¿Quién? ¿Qué? ¿Dónde? ¿Cúando?

Pon una línea debajo de las palabras que corresponden a CUANDO.

1. hace un minuto

2. ayer

3. en el cuarto de Tomás

4. la semana pasada

5. allá

6. en la primavera

7. en sus vacaciones

8. 11:00

9. nadaba lejos de aquí

10. después de las clases

11. la semana que entra

12. en México

13. tenía un juguete

14. cuando crezca

15. el 24 de diciembre

16. en cualquier momento

17. adiós

18. Erase una vez

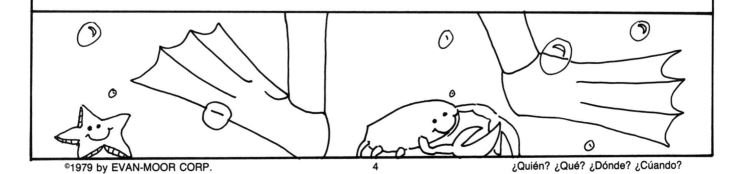

 ¿Quién? ¿Qué? ¿Dónde? ¿Cúando?

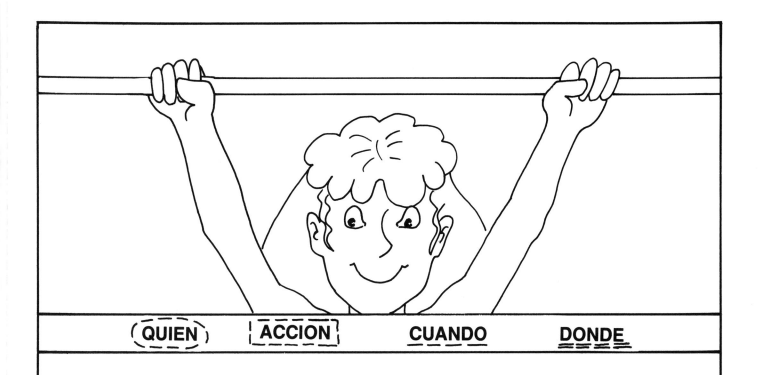

<u>(QUIEN)</u> | <u>ACCION</u> | <u>CUANDO</u>   <u>DONDE</u>

1. la vieja

2. tosió

3. mañana

4. cerca del puente

5. el Príncipe Encantador

6. Mamá y Papá

7. trepó

8. pronto

9. en la fiesta

10. rascó

11. un carpintero cansado

12. un día de verano

13. anoche muy tarde

14. en el cielo

15. por la esquina

16. Sr. Jimenez

17. golpeó

18. se lanzó

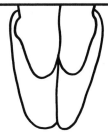

5   ¿Quién? ¿Qué? ¿Dónde? ¿Cúando?

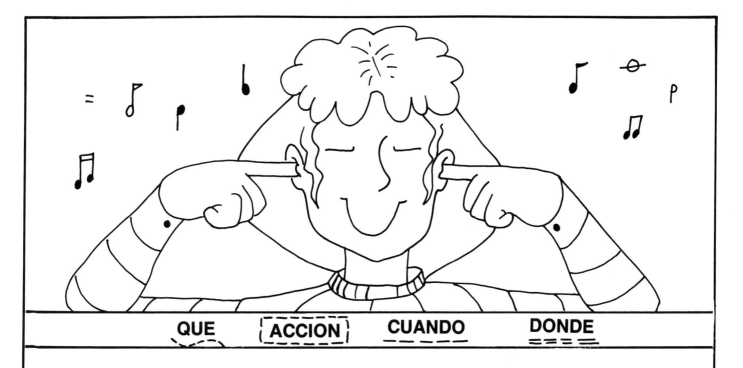

| QUE | ACCION | CUANDO | DONDE |

1. en el piso de arriba

2. agarró

3. olió

4. en la cafetería

5. tabla de patinar

6. hace mucho

7. roncó

8. encima de su cabeza

9. camión de basura

10. después de las clases

11. detrás de la jarra de galletas

12. habló

13. cuando tenía seis años

14. pájaro que canta

15. en el baño

16. estaba cortando

17. algún día

18. chistoso perrito café

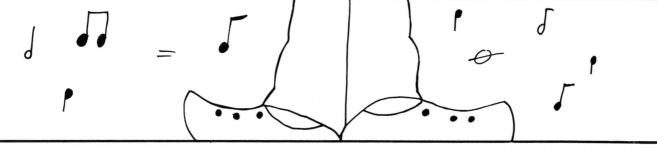

¿Quién? ¿Qué? ¿Dónde? ¿Cúando?

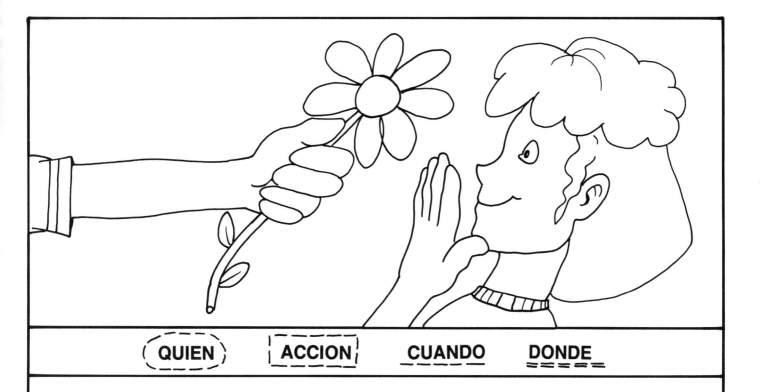

QUIEN   ACCION   CUANDO   DONDE

1. El nene que vive al lado de nuestra casa lloró toda la noche.

2. En el último Halloween, Jorge oyó ruidos extraños en el techo.

3. Ella comía apio y mantequilla de cacahuates por almuerzo todos los días.

4. Esta mañana, Felipe arregló su coche en nuestro garaje.

5. Mi abuela nació hace 60 años en Iowa.

6. Ayer un ranchero torpe se cayó en la pocilga.

7. Algún día mi amigo y yo irémos a Disneylandia.

8. Los venados corren de prisa por este bosque cada día.

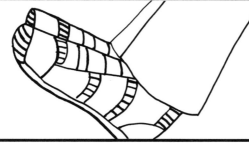

QUE ACCION CUANDO DONDE

1. El autobús de la ciudad pasa por mi casa todos los días.

2. El gallo en la granja de mi abuelo canta al salir el sol.

3. Cuando llueve, mi gato se queda adentro.

4. El avión a Kansas saldrá a las 10:30.

5. Cada primavera, los petirrojos construyen sus nidos en estos árboles.

6. Un camión de bomberos estaba estacionado allí ayer.

7. En este momento, un sapo brincó en la charca.

8. Ese perrito siempre esconde sus huesos en el patio.

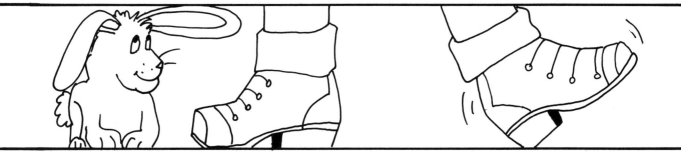

       ¿Quién? ¿Qué? ¿Dónde? ¿Cúando?

Escribe la frase que contesta a la pregunta.

Cerca de las 12:00

comenzó a mordisquear una zanahoria

José

en el jardín del gigante.

¿Quién? o ¿Qué? ------------------------------------

¿Acción? ------------------------------------

¿Cuándo? ------------------------------------

¿Dónde? ------------------------------------

Con las partes haz una oración.
Usa una letra mayúscula al principio y un punto al final.

Escribe la frase que contesta a la pregunta.

la lonchera de Carlos

se deslizó fuera de

hace unos minutos.

Una víbora

¿Quién? o ¿Qué? -

¿Acción? -

¿Cuándo? -

¿Dónde? -

Con las partes haz una oración.
Usa una letra mayúscula al principio y un punto al final.

Escribe la frase que contesta a la pregunta.

aterrizó en

un amistoso pájaro amarillo

Un día de primavera

la cabeza peluda del oso.

¿Quién? o ¿Qué? -------------------------------------

¿Acción? -------------------------------------

¿Cuándo? -------------------------------------

¿Dónde? -------------------------------------

Con las partes haz una oración.
Usa una letra mayúscula al principio y un punto al final.

Escribe la frase que contesta a la pregunta.

Una noche oscura,

hizo que se apagaran las luces

la tormenta

en la cueva de Horacio.

¿Quién? o ¿Qué?

¿Acción?

¿Cuándo?

¿Dónde?

Con las partes haz una oración.
Usa una letra mayúscula al principio y un punto al final.

Escribe la frase que contesta a la pregunta.

después de la puesta del sol.

La criatura del espacio

la colina

atisbó por

¿Quién? o ¿Qué? -

¿Acción? -

¿Cuándo? -

¿Dónde? -

Con las partes haz una oración.
Usa una letra mayúscula al principio y un punto al final.

Escribe la frase que contesta a la pregunta.

miró fijamente por largo rato

La criatura del espacio

cada noche a la hora de comer

en el cuarto de los niños

¿Quién? o ¿Qué?

¿Acción?

¿Cuándo?

¿Dónde?

Con las partes haz una oración.
Usa una letra mayúscula al principio y un punto al final.

Escribe la frase que contesta a la pregunta.

bailó por

en la presentación de anoche.

el escenario

La bailarina

¿Quién? o ¿Qué? -

¿Acción? -

¿Cuándo? -

¿Dónde? -

Con las partes haz una oración.
Usa una letra mayúscula al principio y un punto al final.

- -

- -

- -

- -

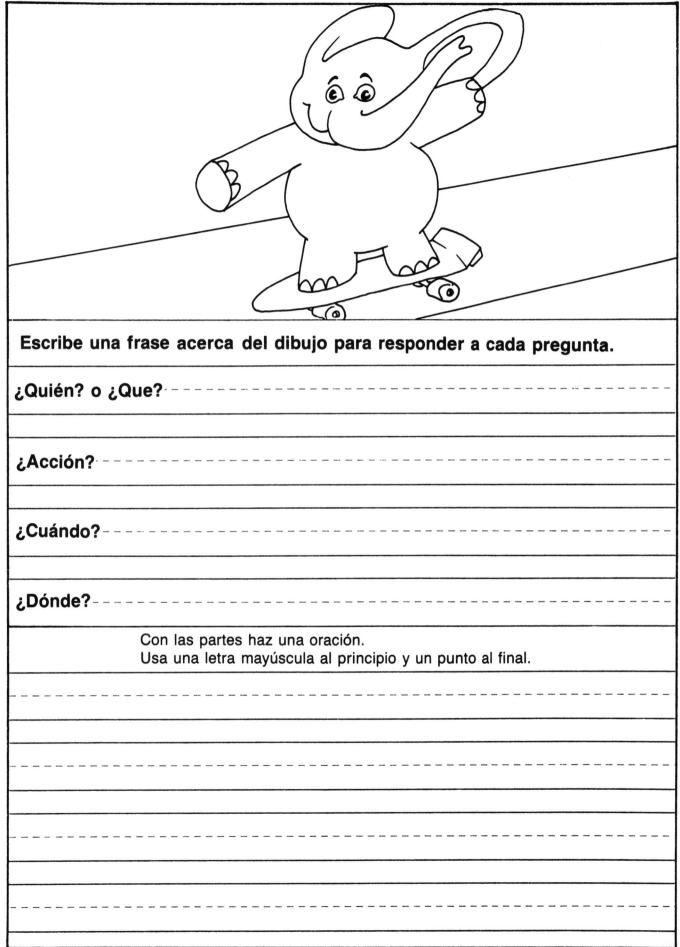

Escribe una frase acerca del dibujo para responder a cada pregunta.

¿Quién? o ¿Que? -

¿Acción? -

¿Cuándo? -

¿Dónde? -

Con las partes haz una oración.
Usa una letra mayúscula al principio y un punto al final.

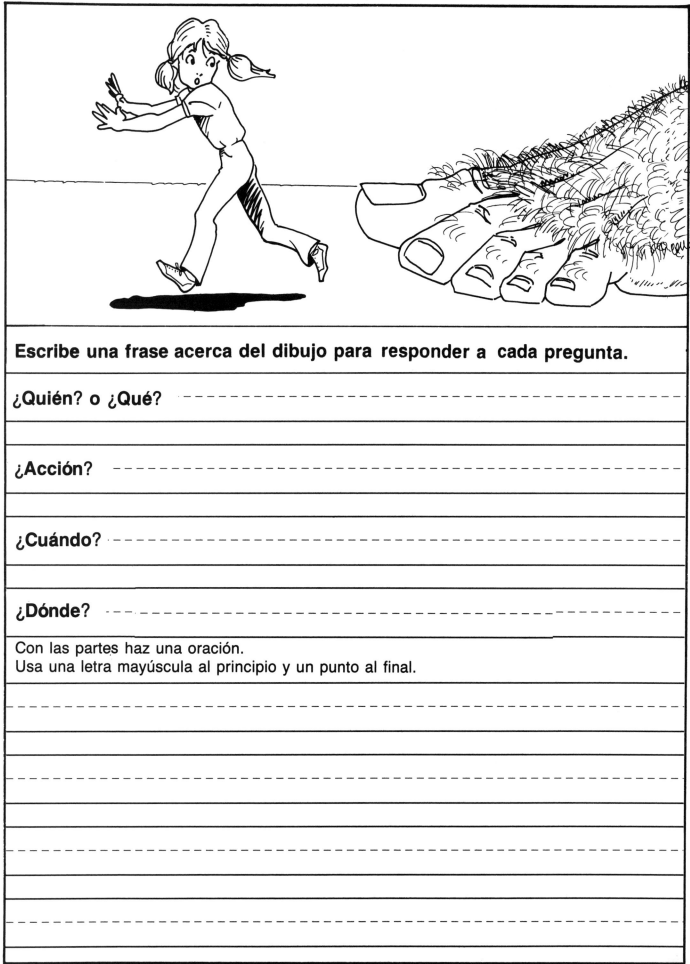

Escribe una frase acerca del dibujo para responder a cada pregunta.

¿Quién? o ¿Qué? ---

¿Acción? --

¿Cuándo? --

¿Dónde? ---

Con las partes haz una oración.
Usa una letra mayúscula al principio y un punto al final.

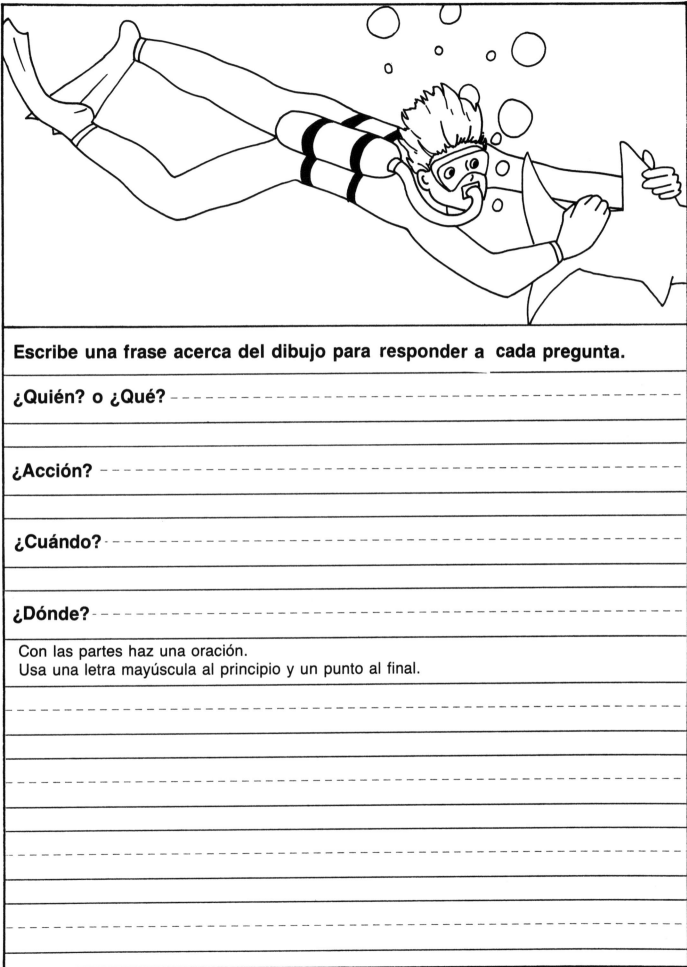

Escribe una frase acerca del dibujo para responder a cada pregunta.

¿Quién? o ¿Qué?

¿Acción?

¿Cuándo?

¿Dónde?

Con las partes haz una oración.
Usa una letra mayúscula al principio y un punto al final.

Escribe una frase acerca del dibujo para responder a cada pregunta.

¿Quién? o ¿Qué? --

¿Acción? --

¿Cuándo? --

¿Dónde? ---

Con las partes haz una oración.
Usa una letra mayúscula al principio y un punto al final.

Escribe una frase acerca del dibujo para responder a cada pregunta.

¿Quién? o ¿Qué? -

¿Acción? -

¿Cuándo? -

¿Dónde? -

Con las partes haz una oración.
Usa una letra mayúscula al principio y un punto al final.

- -

- -

- -

- -